走遍世界很简单

ZOUBIAN SHIJIE HENJIANDAN

韩国大探秘

HANGUO DATANMI

知误达人 编著

成都地图出版社

图书在版编目（CIP）数据

韩国大探秘 / 知识达人编著 . — 成都：成都地图
出版社，2017.1（2022.5 重印）
（走遍世界很简单）
ISBN 978-7-5557-0368-6

Ⅰ . ①韩… Ⅱ . ①知… Ⅲ . ①韩国—概况 Ⅳ .
① K931.26

中国版本图书馆 CIP 数据核字 (2016) 第 121054 号

走遍世界很简单——韩国大探秘

责任编辑：吴朝香
封面设计：纸上魔方

出版发行：成都地图出版社
地　　址：成都市龙泉驿区建设路 2 号
邮政编码：610100
电　　话：028 - 84884826（营销部）
传　　真：028 - 84884820

印　　刷：三河市人民印务有限公司
（如发现印装质量问题，影响阅读，请与印刷厂商联系调换）

开　　本：710mm × 1000mm　1/16
印　　张：8　　　　　　字　　数：160 千字
版　　次：2017 年 1 月第 1 版　印　　次：2022 年 5 月第 5 次印刷
书　　号：ISBN 978-7-5557-0368-6
定　　价：38.00 元

前　言

　　美丽的大千世界带给我们无限精彩的同时，也让我们产生很多疑问：世界上到底有多少个国家？美国到底在什么地方？为什么奥地利有那么多知名的音乐家？为什么丹麦被称为"童话之乡"？……相信这些问题经常会萦绕在小读者的脑海中。

　　为了解答这些问题，我们精心编写了这套《走遍世界很简单》系列丛书，里面蕴含了世界各国丰富的自然、地理、历史以及人文等社会科学知识，充满了趣味性和可读性。

　　本系列丛书人物对话生动有趣，文字浅显易懂，并配有精美的插图，是一套能开拓孩子视野、帮助孩子增长知识的丛书。现在，就让我们打开这套丛书，开始奇特的环球旅行吧！

路易斯大叔

美国人，是位不折不扣的旅行家、探险家和地理学家，足迹遍布全世界。

多多

10岁的美国男孩，聪明、活泼好动、古灵精怪，对一切事物都充满好奇。

米娜

10岁的中国女孩，爸爸是美国人，妈妈是中国人，从小生活在中国，文静可爱，梦想多多。

目　录

目 录

在家休息了几个月，多多和米娜又在期盼着下一次的旅行了。这天，多多打开电视，正巧看到一部正在播出的韩国偶像剧。

"我喜欢这部电视剧。"米娜津津有味地看起了电视。

多多也跟着看了一会儿，突然对正在查阅资料的路易斯大叔说："路易斯大叔，不如我们下

一站去韩国看看吧？"

路易斯大叔还没说话，米娜就高兴地跳了起来："好啊好啊！路易斯大叔，我们去韩国吧！"

路易斯大叔笑着看看米娜，又看看多多，说："米娜想去韩国，我猜想她是想去看看韩国的大明星，可多多你为什么突然对韩国产生了兴趣呢？"

多多说："我觉得这个国家挺有意思的。你看电视剧里那些人，穿戴都挺时尚的，可给人的感觉，他们的家庭关系又非常传统；据说那里经济很发达，但从电视上看，他们的生活好像还比较简单朴素……所以我觉得有点好奇。"

路易斯大叔微笑着说："韩国属于发达国家，但韩国人的家庭观念、人伦道德又相对传统；韩国的国土面积只有9.96万平方千米，但经济发展速度很快，和中国

台湾、中国香港、新加坡并称为'亚洲四小龙'。

所以我也对这个国家非常感兴趣，告诉你们吧，其实咱们下一

站，正是要去韩国。"

"太棒啦！"多多和米娜欢呼起来，手舞足蹈。

"别高兴得太早哦。"路易斯大叔神秘地冲他俩摇了摇手指，

"去韩国可以，但是你们要答应我一件事。"

"什么事？路易斯大叔你快说呀！别说一件了，十件一百件都可

以！"多多激动起来。

"我的要求很简单，就是你们要多读读关于韩国的资料。这样我

们去那里旅行的时候，你们就可以跟我说说关于这个国家的知识了。

以前出去旅行，都是我教你们，这次我想让你们多教教我。怎么样，

这个要求不算过分吧？"路易斯大叔笑眯眯地说。

"不过分！"米娜信心满满地说，"而且我现在就能告诉您一些关于韩国的知识呢！韩国的全称是大韩民国，位于朝鲜半岛的南部，三面环海，地理位置十分优越；韩国的国旗是太极旗，上面有类似中国'八卦图'的图案；韩国的国花是木槿花，在他们的国徽上也有木槿花的图案。韩国的传统服装韩服受中国唐代服饰的影响很大，尤其是女性穿的韩服，是由短上衣和长裙组合而成的，上面的图案和颜色都非常美丽……"

米娜越说越兴奋，多多忍不住打断了她："哎呀，能不能少说点关于裙子的事！咱们还是去网上查查，到韩国要去哪些地方玩好不好？"

路易斯大叔笑了笑，说："再过两天咱们就动身。你们抓紧时间找资料、做准备吧！"

"好！"两个孩子大声答应着，一溜烟儿地跑去书房查关于韩国的资料了。

第1章

乐天大世界

作为完美的行动派，路易斯大叔迅速收拾好行囊，第三天就带着两个孩子坐上飞往首尔的飞机。

飞机在白云之间平稳地穿行，空中的美景让孩子们兴奋不已。

"多多，你了解韩国多少呢？"米娜忽然问道。

多多顺手拿出一本韩国地图，朝米娜晃了晃，说道："你想知道什么，这里面都有。"

"韩国三面都是海，从东到西，分别是日本海、东海和黄海。首尔是韩国的首都，

也是韩国最大的城市，人口有1000多万，大约占全国人口的1/5。"多多还没有读完，米娜就忍不住抢了过来，接着念道："首尔位于韩国西北部的汉江流域，朝鲜半岛的中部，是韩国政治、经济、科技、文化中心，也是世界十大金融中心、世界设计之都和一个高度数字化的城市！"

"首尔以前被称为汉城，2005年才正式更名首尔特别市，简称'首尔'。"路易斯大叔补充道，并且神秘地说，"明天这边有一个重要的节日，我们真是选对了时间啊。"

"哈哈，我知道！但是多多就不一定知道！他肯定没有好好查阅关于韩国的资料。"米娜冲多多扮了个鬼脸。

"太小瞧我了！我也知道！明天是韩国的儿童节！"多多得意地说。

"是的，明天是韩国的儿童节。"路易斯解释着这个节日，"你们肯定想问，为什么韩国的儿童节不是六一国际儿童节？这是因为早在1921年5月1日，韩国开始了第一次少年运动。1923年少年运动两周年纪念日之时，为了让儿童一代能够继承并弘扬国家民族精神，一批爱国志士将5月1日定为韩国儿童节，并在当时的汉城举行了庆祝活动。在日本统治时期，韩国儿童节曾一度被取消，直到1946年才恢复，日期也被改为每年的5月5日。"

"我明白了，那在韩国过儿童节和在别的国家有什么不一样吗？"多多好奇地问。

"在这一天，家长和孩子们都会放假，父母会给孩子买他们最想要的礼物，很多人还会让孩子穿上韩服，体验传统文化的魅力。"路易斯大叔解释道。

"哇，韩国的小朋友真是太幸福了！"

在孩子们的羡慕声中，飞机平稳降落在了仁川国际机场。

安排好住宿之后，路易斯大叔打开电脑，开始制定明天的旅游路线。为了能让两个孩子好好游玩，过一个难忘的儿童节，他仔细地查阅相关资料，并把一些重点

信息记在脑子里，不知不觉就到了凌晨一点钟，路易斯大叔简单洗漱了一番，就赶紧睡了。

第二天一早，路易斯带着多多和米娜直奔乐天大世界。

在首尔，乐天大世界应该是孩子们最喜欢的去处了。这里不仅有各种大型的娱乐设施，还有溜冰场、民俗博物馆和主题公园，而且还有很多精彩的节目表演呢。据统计，乐天大世界每年接待600多万名游客，其中外国游客占到1/10。

三人所到之处都能感觉到节日的气氛：整洁的道路两旁挂着红红的灯笼；天空还有各种颜色的气球迎风飘扬；孩子们身穿节日服装、头戴卡通面具，在大人的带领下，或者在草地上玩耍，或者在商场挑选礼物，每个人脸上都挂着笑容。

　　转眼间到了目的地，好像全城的孩子都集中到了这里。

　　"哇，这里真像个王宫，到处金碧辉煌的，我就像一位公主。对不对，多多？"米娜欢乐地跳起舞来。

　　"对，你是个公主，我是个王子。"两个人像刚放出笼子的猴子一样，到处撒欢。

　　"喂，这里地方这么大、人那么多，你们俩别到处乱跑，小心走丢了！"

　　"放心吧，路易斯大叔，我们丢不了！"多多边跑边回答。

　　路易斯大叔不放心地在后面紧跟着，两个孩子的活力让他有些招架不住，为了节约时间，路易斯大叔费了好大力气，拉住他俩。

　　"孩子们，你们想这样到处乱窜还

是想去有特色的游乐场玩？”

“当然是去有特色的地方！”多多抢着回答。

“那好，这个游乐中心占地有8万多平方米，我们不可能都玩一遍，所以就挑一些有特色的玩吧。”

“8万多平方米是多大呢？”在米娜思考的同时，多多又问：

“都有哪些设施啊？”

“这里设施可齐全了，比如室内游乐园、民俗馆、电影院、饭店等等，还有超市、餐饮街呢，只要你想得到的这里都有。”路易斯大叔认真回忆着昨晚查到的资料。

“那我想去特别刺激特别冒险的地方，有吗？”多多双眼闪光，充满期待地问。

“肯定有啊，有一个叫法国大革命的地方，绝对符合你

11

的要求！"

"一听这名字我就喜欢！"多多回答道。

"那里和法国大革命有什么关系？"米娜追问道。

"这是一种云霄飞车，可不是真正的大革命哦，这种飞车能够360度到560度高速翻转，非常刺激，胆量不大、心脏不好的人，可不要去坐！"路易斯大叔解释道。

"我要去，我要去！"多多马上表达他的意愿。

"吓死人了，180度翻转的我都不敢玩，我要去别的地方。"米娜抗议道。

"在冒险世界里，有一个叫'梦幻之旅'的室内表演场，融合了水、火、光、声、电的卡通片，在这里可以观赏到随音乐翩翩起舞的美人鱼呢！"

不等路易斯大叔介绍完，米娜就宣布

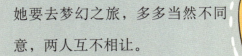

她要去梦幻之旅，多多当然不同意，两人互不相让。

路易斯大叔没办法，只得提议去一个两人都喜欢的地方——溜冰场，这才止住了两人的争辩。

来到溜冰场，立刻有一股冬天的寒气，但是依然有很多孩子在这里溜冰、嬉闹。

"快来看啊，这里都是厚厚的冰！"先进去的多多兴奋地招呼大家。

米娜弯下身子一摸，果真和多多说的一样。"咱们来比一比，看

谁滑的好？"米娜提议。

"我的技术可一点儿不比你差！"多多回答道。

两个孩子滑了几圈，适应场地后，就开始在冰面上变换着姿势。他们本来就会溜冰，一些有难度的动作，把周围滑冰的人都给惊呆了。

"你们玩痛快了，该到我了。"路易斯大叔领着俩人朝蹦极降落项目走去。一圈下来后，虽然脸色惨白，满头大汗，但是路易斯大叔仍然大叫"太过瘾了！太过瘾了！"

不知不觉就到了中午，大家饥肠辘辘，路易斯大叔带着两个孩子向民俗餐饮街走去，去吃最有韩国特色的饮食。饭后，三个人又去魔幻岛坐了海盗船和游览车等，直到筋疲力尽，三个人才恋恋不舍返回酒店。

第2章

盖瓦的总统府

吃过晚饭后，稍微休息了一会儿，两个孩子又都活力四射了。

"你们知道美国总统住在白宫，英国的首相住在唐宁街10号，中国的领导人住在中南海。但是你们知道韩国总统住在哪儿吗？"路易斯大叔问道。

"当然知道了，这点知识还是有的，青瓦台嘛！"米娜回答。

"我还知道它一定有铜墙铁壁一样坚固的大楼，可以抵御原子弹，还有紧急时刻用来逃生的地下暗道。总统府周围一定到处都是警卫，每个人就像007一样厉害，普通人谁都别想随便进去！"多多想

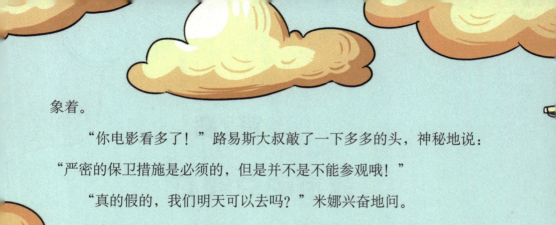

象着。

"你电影看多了！"路易斯大叔敲了一下多多的头，神秘地说："严密的保卫措施是必须的，但是并不是不能参观哦！"

"真的假的，我们明天可以去吗？"米娜兴奋地问。

"路易斯大叔，别骗我们小孩子了，恐怕我们还没靠近，就被抓起来遣返回国了！"多多一副小大人的模样。

"大叔可从不骗人，明天我就带你们去！"路易斯大叔胸有成竹地说。

其实，路易斯大叔已经提前从网络上了解到，自从韩国总统李明博上任以后，就慢慢将青瓦台变成了一个国际性的旅游景点。每年的4月到11月期间对外开放，普通民众一般提前10天递交申请进行预约，因为这里每天只接

待一千多人，收到答复就可以来此参观游览了。

　　当然，韩国政府对本国人和外国人的申请又有不同的规定，具体来说就是韩国人提交申请时，只需要在青瓦台的官方主页上，输入本人的身份证和手机号码就可以了。而外国人需要通过电子邮件进行申请，邮件中包括申请人的姓名、护照号码、参观日期这些内容，邮件发出后很快就会得到答复，告诉你参观时的注意事项和乘车地点等，非常方便。

　　路易斯大叔昨天在网上查询的时候顺便进行了申请，因为他是一名著名的探险家、旅行家和地理学家，在韩国也非常知名，所以他的申请很快就得到了答复，因此他才敢对两个孩子打包票。

　　第二天路易斯大叔早早带着多多和米娜乘车，来到青瓦台排队等待进入。接待人员认真核对了他们的身份信息，并耐心向他们讲解了参观路线和注意事项，最后预祝他们旅途愉快！

　　三个人开心地进入了青瓦台，参观青瓦台内的春秋馆、绿地园、守宫处、大庭院和七宫等几部分。

　　本来带着探秘和好奇心理的多多和米娜，在看到青瓦台的建筑和中国的四合院很类似之后，就觉得它一点儿也不神秘了。

　　"这就是具有韩国特色的四合院嘛！"米娜首先感慨道。

"嘘，小声点，听听讲解员怎么说的！"多多做出手势让米娜小声点。

米娜不好意思地吐了吐舌头，继续听下去。

原来韩国总统府之所以叫青瓦台，就是因为它覆盖的青瓦得名的。所有的房屋一共盖有15万块青瓦，每块瓦都非常结实、漂亮，一百年都不会坏，而且太阳一照就散发出青色的光，显得古朴庄严。

青瓦台主楼的瓦，远远望去与曲线形的房顶互相辉映，非常搭配。它的北面是北岳山，左右两边分别是骆山和仁王山，里面还有一块大石碑，刻着"天下第一福地"六个汉字，据说有300多年的历史了。看到这里的汉字，米娜很是亲切。

一行人跟着讲解员边走边看边听，原来青瓦台的整体建筑，是由位于中央的主楼、迎宾馆、绿地园、无穷花花园、七宫等组成的。

在主楼的右侧是春秋馆，春秋馆房顶不是用青瓦而是用传统的陶瓦做成的，这

个地方也是韩国历届总统召见记者、开记者会的场所。主楼的左侧是迎宾馆，当外宾来的时候，可以在这里接待外宾，供其休息。

在这种正式的场合，两个孩子也不再打打闹闹，十分安静地听着讲解，路易斯大叔看到他俩认真的样子，很是开心。

随后三人到达无穷花花园，由于季节不对，无穷花的花期已经过了，虽然没能看到韩国的国花，但是看到了许多其他名贵的花草，也不觉得遗憾了。

由于总统府内不让拍照，三个人很快就参观完了，出来后走到前面的"相约"广场，一个用中文繁体和简体分别书写的"青瓦台礼品店"，红底黄字非常显眼。米娜就像看到了老乡一样，进去转了一圈，买了点吃的东西就出来了。

　　"店面不大，人倒是不少。"多多说道。

　　向前继续走，一只展翅飞翔的凤凰雕塑位于广场的中央，周围还有三口之家的四个雕塑，组成了一个大的花坛。每个雕塑形象都非常逼真，路易斯大叔说象征着韩国人民幸福和谐。在广场的边上，还有一个"大鼓阁"，也是中国的建筑风格。

　　"快看啊，这里面还有一个大鼓！"米娜喊道。

　　"这个阁楼可能就是因为这个大鼓得名的。"多多解释着。

　　"你们看，这里青瓦、楼房与古代的城门、古亭子、大鼓一起，既有现代的也有历史的，多么古朴亲切啊！"路易斯大叔感慨道，

"再看那边，人们可以在绿草地和无穷花园散步，那里也是韩国历代总统种纪念树的地方。"

"走，我们去拍照吧！"多多建议。

"好，我们一起！"米娜附和道。

三个人还没靠近，就看到别的游客被制止站在广场对着青瓦台拍照，本来也想拍的路易斯大叔，只好作罢。虽然很遗憾，但是必须得遵守这里的规定，三个人随后开心地来到广场上凤凰雕塑那边，狂拍起来。

青瓦台的历史

　　青瓦台在韩国的地位举足轻重。它最早是高丽王朝的一座离宫，在朝鲜王朝时代作为景福宫的后园，还举办过科举考试。1927年日本入侵朝鲜，在此建立了朝鲜总督官邸，在日本战败投降后改为军政长官官邸。韩国成立后改为总统府邸，并逐渐成为韩国的政治中心。

第3章

景福宫

　　第二天的黎明悄悄来临，又是一个美好地日子，阳光像金线一般洒下来，微风中夹着海洋气息，白云飘飘荡荡地在蓝天中遛弯……

　　路易斯大叔在轻轻的海浪声里醒来，收拾好就开始去叫多多和米娜了。

　　"小懒虫，起床了！"路易斯大叔一边敲门一边喊，可是里面的小家伙在翻了个身后继续呼呼大睡。

等得不耐烦的路易斯大叔忽然心生一计，用神秘的声音对着门缝轻轻地说："也不知道今天要去的地方能不能见到皇帝和公主，我一定要好好收拾一下，到时候可不能让皇帝把我的威风抢去。"

门里的小懒虫听到"皇帝"和"公主"两个字眼，立即从被窝里爬出来，匆匆忙忙穿上衣服，追上门外慢慢踱着步子的路易斯大叔，讨好地说道："路易斯大叔，您今天真是又帅气又威风，让我们两个做你的随从吧！我们一起把皇帝的风头比下去。"

"嗯，你们两个不过是各自打着自己的小算盘罢了。"知道小计得逞的路易斯大叔说道，"好吧，今天我就带上你们两个，去和皇帝比比

威风，和公主比比漂亮！"

　　路上多多按捺不住，好奇地问道："那是什么地方？叫什么名字呢？是皇帝和公主的家吗？"

　　"这个嘛？我就要考考你们了。"

　　"好！"多多和米娜异口同声地回答。

　　"既醉以酒，既饱以德。君子万年，介尔景福。"路易斯大叔边说边歪歪扭扭像个醉汉一样地跳舞，问，"你们知道是什么意思吗？"

　　多多摇摇头，米娜沉思细想了一下说："我只记得好像是中国最早的诗歌总集《诗经》里《大雅》中的句子，但是是什么意思就不知道了。"

　　"没错！"路易斯大叔说，"这就是《大雅》中的《既醉》，意思是'你的美酒我已醉，你的恩惠已饱受。君子长寿万万岁，赐你大福永不休……'"。

　　"可是这跟您说的皇帝和公主又有什么关系？"两个孩子更加不明白了。

　　"皇帝和公主在什么地方生活呢？"路易斯大叔问。

　　"我知道！我知道！"米娜抢答道，"我看过好多古装电视剧，里面的皇帝都是住在很大、很气派的大房子里。"

　　"正确，加十分！"路易斯大叔毫不理会抢答失败的多多，笑嘻嘻地说，"可你们知道以前韩国的皇帝与公主居住的皇宫叫什么？"

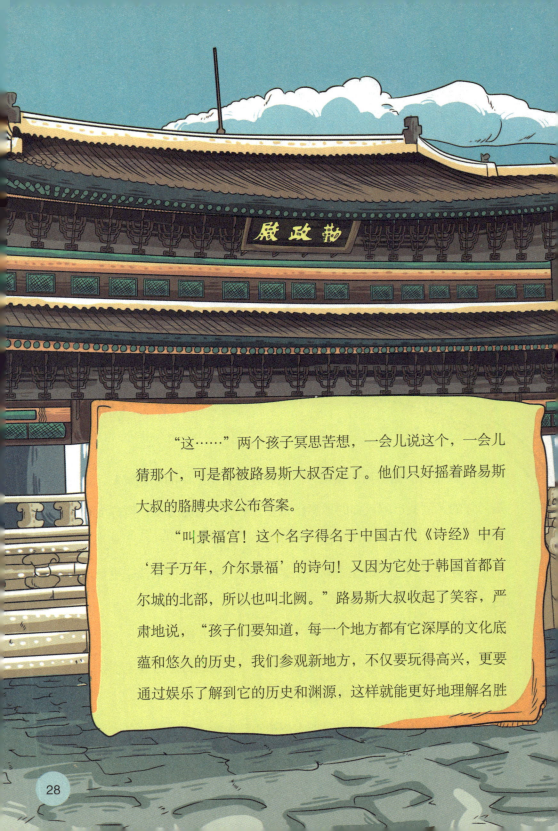

　　"这……"两个孩子冥思苦想，一会儿说这个，一会儿猜那个，可是都被路易斯大叔否定了。他们只好摇着路易斯大叔的胳膊央求公布答案。

　　"叫景福宫！这个名字得名于中国古代《诗经》中有'君子万年，介尔景福'的诗句！又因为它处于韩国首都首尔城的北部，所以也叫北阙。"路易斯大叔收起了笑容，严肃地说，"孩子们要知道，每一个地方都有它深厚的文化底蕴和悠久的历史，我们参观新地方，不仅要玩得高兴，更要通过娱乐了解到它的历史和渊源，这样就能更好地理解名胜

古迹的美妙之处了。"

"嗯。"两个孩子郑重地点了点头。

接下来最重要的环节当然是由路易斯大叔给两个孩子普及关于景福宫的历史故事了。

"景福宫在韩国的历史上具有重要的位置，它不仅是王朝时代的政治中心，更是展现首尔气势宏大、历史悠久、文化底蕴丰富的重要宫殿之一，离现在已经有500多年的历史了。"

"那它有多大呢？"多多着急地问道，"能安排我们三个人的房间吗？"

"你还想住在皇宫里？"路易斯大叔笑着问道，"现在它只能用来参观，不提供游客居住，但是它的房间可不少，是朝鲜王朝

（1392年－1910年）时期首尔（旧名汉城）的五大宫殿之一，也是朝鲜王朝的正宫，占地57.75万平方米，由330栋建筑组成，房间很多，有5792间。"

接下来路易斯大叔告诉他们，景福宫并不是一个独立的房子，它可是由好几个殿阁组成的，分别有勤政殿、思政殿、康宁殿、交泰殿、慈庆殿、庆会楼、香远亭等，而这些殿阁按功能又分为两种：办公和居住。

"那究竟哪个是办公、哪个是居住的呢？皇帝又在哪里发号施令呢？"多多纳闷道。

"我们先绕一圈看看吧！"路易斯大叔说，然后带着孩子们从这片建筑群的南面也就是光化门开始，向东到了建春门，向北到了神武门，而最后一站就是西面的迎秋门。

再次从南面的光化门进入，就来到了气势宏伟的景福宫的正殿——勤政殿，勤政殿总体建筑风格华丽美观，除了有两坛月台以外，两层的飞檐更是让整个宫殿显得生动雄伟。和中国皇帝的大殿一样，殿内同样有专属于皇帝一个人的宝座，看到这个宝座，多多真的有上去坐一坐的冲动，体验一把当皇帝的感觉。大殿里的藻井不同于中国传统装饰风格，它带有独特的朝鲜风情，既秀丽又庄严。殿门外面是开阔的花岗岩铺成的广场，要知道这可是大臣们朝拜的主要场所哦！

"孩子们，这个大殿就是皇帝的会议室了！"

"皇帝的会议室？皇帝到这里来上班吗？他是做什么工作的呢？"米娜疑惑地问道，"这里既没有电脑，也没有电话，皇帝用什么来工作呢？"

"哈哈，当时可不像现在，那时候还没有电脑，也没有电话，这里不仅是皇帝上班的地方，也是各位大臣上班的地方，他们集合起来讨论问题，共同管理整个国家！"

"哦，还是我们好，有电脑可以视频会议，就不用跑那么远来上班了！"多多感慨道。

接着他们又参观了皇帝的办公室——思政殿，米娜直感叹皇帝的办公室太奢华，要节俭一点呢！

接下来就是皇帝和皇宫中人的居住区了，有王太后的慈庆殿、王妃的交泰殿。参观到这里路易斯大叔提醒米娜"王妃可是公主的妈妈呢！"米娜的兴致更足了。这些没有屋脊的建筑透露着朝鲜古老的艺术神韵，让两个小朋友也忘记了调皮，兴致勃勃地边走边看。

再走下去，就看到了一个漂在水上的房子——庆会楼，它建在一个人工池塘上，正面侧面共有14间房子，仅仅一个庆会楼他们三个就住不过来呢！因为建在池塘上，所以就像一座房子漂浮在水面上，别有一番滋味。这里承担了大大小小的国家庆典和外交事务，是一个意义重大的建筑。

五月的朝鲜空气凉爽温润，景福宫古色古香的宫殿美轮美奂，尽管已经接近黄昏，多多和米娜玩得很满足，竟没有感觉到累。

直到第二天，米娜还在感叹景福宫的美丽庄严："哇，真没想到韩国的宫殿也这么漂亮，我还以为这里只有现代化的高楼大厦呢，没想到古代的建筑也同样令人称奇。我站在景福宫里的时候，感觉自己就跟古代的公主一样……"

"米娜，你那么喜欢皇宫，今天咱们再去一次怎么样？"路易斯大叔笑眯眯地问。

不等米娜回答，多多先哀号起来："不是吧！难道大叔你没听说过？再好吃的饭，一遍一遍地吃也会腻的！"

米娜也有点迟疑，"虽然我喜欢景福宫，但昨天刚去过，今天又去……"

"哈哈，你们两个小家伙！"路易斯大叔被逗笑了，"韩国又不是只有景福宫一座宫殿。今天我们要去的是另一座宫殿——昌德宫。"

"昌德宫？"米娜开始在脑海中搜寻相关的资料，"昌德

宫……啊，我想起来了，这也是一座很著名的韩国宫殿。好像还是韩国皇帝的离宫，据说是韩国古代宫殿中保存最为完整的一座。"

"昌德宫在建成之初是用作皇帝的离宫，"路易斯大叔点头赞同，又说，"但是由于战乱，它在朝鲜王朝后期就一直被作为正宫来使用了。昌德宫是按照它所处的自然地形来设计的，这让它成为朝鲜王宫中最具自然风貌的一座宫殿。对了米娜，你不是喜欢看韩剧吗？《大长今》看过没？那部电视剧就是在昌德宫的芙蓉池取景的。"

米娜和多多听了神往不已，都嚷嚷着说："那咱们赶快去那儿看看吧！"

三个人迫不及待地出发了。

很快，他们就到达了目的地。

看着眼前高大气派的殿堂、奢华坚固的建筑物，米娜赞叹着说："景福宫就已经够漂亮了，没想到昌德宫也毫不逊色呀！"

"哇，皇帝就是会享受，每座宫殿都各有特色！"多多也发出阵阵惊呼。

"赶快进去看看吧！"路易斯大叔带领孩子们走进了昌德宫的大门。

三个人边走边看，只见昌德宫虽然不是建在平原上，没有得天独厚的地势条件，但是因为它的出色设计，把宫殿和低矮的山势有机地结合在一起，整个山因为这个建筑而闻名，而整个建筑离开小山又无法体现它别具一格的韵味和匠心独具的新颖。宫殿里高高低低显现出错落有致的层次美，种类繁多的树木四季长青，枝繁叶茂，树荫下、小道旁，悠闲的鸟儿昂着头炫耀着歌喉。不吝啬你的脚步，轻轻的在宫殿里踱着，便能看见"三步一品、五步

一景"的别致。宫殿里的草是草，更是艺术；绿树是绿树，更是画作上的点睛之笔。互不重复的亭台楼阁，在静处偷偷藏着浮动的池塘，池塘里粉色荷花上的露珠散射了阳光，五颜六色，比宝石还要绚丽，真想摘下来做成项链戴在脖子上。

再向前走，竟是一个很熟悉的场景：方形的芙蓉池池水清澈，所有你见过没见过的鱼儿都聚集起来，在池子里享受水的乐趣。再仔细看，能看到池中央那座圆形小岛，和中国的天圆地方的世界观如出一辙，池南面那个高傲耸立的凉亭就是大名鼎鼎的芙蓉亭，秀丽高贵的凉亭仿佛把小脚插在池子里，逗弄着五颜六色的鱼儿。

看到这里米娜笑着对路易斯大叔说："难怪我看着眼熟，这里就是《大长今》的取景地吧！"

　　"没错！"路易斯大叔笑着说，"真是个电视行家啊！"

　　顺着芙蓉池向北面走去，出了鱼水门就到了花坛拥簇的宙合楼，宙合楼竟暗含了朝鲜的治国理念——和宇宙融合为一体，遵循自然法则。看来朝鲜的皇帝还是有无为而治的治国理念的。

"古人的智慧真是令人赞叹呢！"多多若有所思地说。

路易斯大叔赞许地点点头。

三个人继续游览，所到之处都美不胜收，米娜的嘴巴惊讶得还来不及闭上，下一个奇观又出现在眼前了。在这样华美的宫殿中游玩，三个人都觉得收获很大。

第5章

首尔宗庙

当路易斯大叔起床拉开窗帘时，一缕温柔的阳光透过洁白云朵的缝隙飘进来，将他的身影拉得老长老长。对于春季多雨而夏季炎热的首尔来说，这真是个难得的好天气。

对面的建筑群闯进了路易斯大叔的视线，充满了韩国传统风格又不乏新颖的高大建筑将残留的睡意驱赶得一干二净。路易斯大叔对世界上大多数著名的博物馆都

有研究，知道那就是韩国著名的国立中央博物馆，馆藏丰富，历史悠久，同时也是世界六大博物馆之一。

"我已经喜欢上了这座城市。"路易斯大叔推开窗，深深地呼吸了一口清新的空气。

这时，缓慢而清晰的敲门声传来，多多与米娜在路易斯大叔的"请进"声中走了进来。

"路易斯大叔，您先别说今天会带我们到什么地方去游玩，让我们猜猜好吗？"米娜狡黠地说。

"呵呵，那好啊，如果猜中了我将给你们一个惊喜。"路易斯大叔看着两个可爱的孩子，笑着说。

"这样好的天气，你会带我们去海边！"米娜信心满满地说，她

心里可一直惦记着去海里游泳呢。

"NO！"路易斯大叔伸出食指在空中摇晃了几下。

"你会带我们去吃最可口的美食。"多多流着口水说。因为他知道路易斯大叔不但是一个出色的旅行家和地理学家，还是一个美食爱好者，每到一个新地方都要品尝那里的最有特色的美食。

不料，路易斯大叔同样否定了多多的猜测。

"那您准备带我们去什么地方玩呢？"两个孩子没辙了。

"这两天我们游玩了景福宫和昌德宫，那都是皇帝曾经生活过的地方，可是你们知道当时的皇帝是怎么怀念他们的先人，又是在什么地方进行祭奠的吗？"路易斯大叔问。

两个孩子反问道："难道不是在那两座宫殿里吗？"

"不，是宗庙！"路易斯大叔加重了语气说，"我再强调一次，我们每到一个新地方旅行，一定要先了解它的历史，这样才有意义。而了解它的历史，最直接的方法是去参观它著名的历史遗迹！"

　　多多和米娜红着脸点点头。

　　"首尔宗庙，是现存最早的和最可信的尊崇儒家的皇家宗庙，于1396年朝鲜王朝迁都时和景福宫一起建成，后来历代都曾扩建，1995年列入世界遗产名录。它是祭祀朝鲜王朝历代国王和王后的祠堂，神殿里铭记着朝鲜王朝历代国王及王后的生平事迹。"路易斯大叔侃侃而谈。

　　"目标——首尔宗庙，出发！"看着好奇心大起的多多和米娜，路易斯大叔难得地凑趣道。

坐落于首尔市钟路区勋井洞1街155号的首尔宗庙，包括正殿和永宁殿等建筑物，进入宗庙正门后，是一个方形院落。院落中有三条路，路面铺着青砖和石头。位于正中央的那条路稍高，直接通往正殿，两边的路则连接到沐浴、斋戒及准备祭祀的房间。

　　"路易斯大叔，为什么这里会有三条路呢？它们有什么含义吗？"多多好奇地问。

　　"别看这三条普普通通的路，它们所代表的含义可大啦。"路易斯大叔指着中间稍高的那条路说，"这是为去世的国王所设，而它的东边和西边的道路，则分别是国王和太子专门行走的。"他们边说边往里走，来到了宗庙的中心正殿。

　　路易斯大叔又告诉他们，正殿是供奉历代国王的牌位及举行祭祀

典礼的地方，这种做法是从古代中国传来的。

"难怪韩国的人们待人接物如此彬彬有礼，我想与他们恪守一些传统的习惯是很有关系的。"多多点着头，一副小大人的模样。

"有这个原因！"路易斯大叔满意地点头说。

"我好像觉得宗庙里的这些建筑位置很不对称，柱子的粗细也不一样。"走着走着，细心的米娜忽然发现了一些情况，因此好奇地问路易斯大叔。

"多多也仔细看看。"路易斯大叔说。

米娜的话早已经引起了多多的注意，他仔细看了一番后说："是这样没错。但奇怪的是，整体的又是对称的，这又有什么含义呢？"

　　"之所以出现这种情况，是因为它是依自然地势而建，体现了儒家的简朴、节约的精神。"路易斯大叔说。

　　"我们来迟了几天，不然我们能欣赏到宗庙乐。"路易斯大叔带着遗憾叹了口气。

　　"什么叫着宗庙乐啊？"米娜问。

　　"宗庙乐指的是是举行祭祀仪式时吹奏的祭礼乐，祭祀仪式上的祭师需要穿着红色长袍，使用祭祀乐器奏出优美的音乐。主要的内容是歌颂历代君王文治武功和德行。而舞者也需要穿着红色的舞服，排成八行八列，舞蹈缓慢而庄重，在每年5月的第一个星期天举行。"

　　"在久远的年代，充满着古朴音乐的神圣宗庙里，人们用舒缓的舞蹈和精美的食物祭祀先祖，一切都显得那么平和而庄重，真想亲眼

看到那一切。"路易斯大叔不无遗憾地感叹。

"要是我们到达首尔的第二天来这里就好了。"多多有一点小后悔。

"那我们回去上网看吧"米娜提议说。

这一晚，米娜和多多做了同一个梦，他们身穿着祭祀的礼服，见证了那个庄严而又神秘的的时刻。

韩国宗庙——祖先崇拜的产物

　　可不要以为韩国宗庙是供奉菩萨的寺庙哦，它可是供奉李朝历代国王牌位、举行祭祀的场所。太祖李成桂在创立李氏王朝后，于1394年在都城汉阳修建了宗庙。韩国的宗庙，最大的一个用途就是用来祭祀已故的国王，这和中国是一样的。但韩国宗庙的独特之处是，将祭祀典礼、礼乐等古老的传统及习俗保留至今。2001年，宗庙祭礼和宗庙祭礼乐被认定为世界文化遗产。

세계 문화지

第6章

漫步石墙街

　　第二天清晨，首尔被细雨笼罩。被雨水洗礼过的植物和建筑，在丝绸般柔和的雨丝遮挡下表现着这个城市细腻的一面。

　　兴奋的多多和路易斯大叔等待着米娜，显然路易斯大叔对这样的

天气不是特别满意。米娜却一脸愉悦，因为她喜欢下着小雨的天空。

米娜小的时候，爸爸妈妈就经常带着她赤着脚在细雨中漫步、奔跑，脚板触及那柔软的青草，或者是细沙，滑滑的，痒痒的，要多惬意就有多惬意。

后来，由于爸爸妈妈工作越来越忙，这令人回味无穷的雨中漫步就成了回忆，可它却时不时闪现在米娜的梦中。

"路易斯大叔，今天去哪里玩啊？"见米娜终于来了，多多就开始缠着大叔问。

米娜先开口了："我想赤着脚在雨中漫步。"

"这也许是个好主意！"路易斯大叔眼睛一亮，"如果能在一条充满浓郁的艺术气息的街道上赤脚漫步，那么雨天也不是那么糟糕。"

"充满艺术气息的街道？"多多问。

"这个地方叫三清洞。"路易斯大叔告诉两个孩子。

"三清洞？为什么听起来像一个风景区？难道说和道教有关系吗？"米娜问。

"准确的说，是'三清洞文化街'。"路易斯大叔忍俊不禁地说。

"洞，在韩语里的意思是'街道'或'胡同'。三清这个名字的来源我没有考证过，但这个三清洞可是首尔的特色

文化街，应该和中国的道教没有关系。"

三清洞文化街位于朝鲜时代王室居住的景福宫和离宫昌德宫之间，北侧为现在韩国的总统府青瓦台，南侧与仁寺洞相连，是首尔著名的旅游景点之一。"路易斯大叔说。

"我们上次去景福宫和昌德宫时为什么不顺便去看看？"米娜问。

"无论是旅行还是做其他事情，做好规划是很重要的，不同风格的两个地方，在同一天游玩的话难免有走马观花的感觉。"

米娜和多多不由自主地点了点头。

"出发吧，不过到了那儿可不能真的赤脚。"路

易斯大叔微笑着交代说，"这样可不是礼貌的行为。"

米娜因为不能赤脚带来的小小郁闷马上就被眼前的景色冲散了。

黑瓦石墙的古风韩屋随着山坡错落有致地布满了悠长的小巷，进入的访客好像不忍心打破这样宁静的风景，或是在画板前思考，或是用相机默默地记录，三个人的脚步放轻，走进了这幅画卷，默默感受着周围的文化氛围。

古香古色的画廊、欧式浪漫风情的露天

咖啡屋、主题多样充满特色的博物馆和古老的街道完美地融合在一起，展现着不一样的古朴典雅。

不知道什么时候，阳光代替了细雨洒满了街道。米娜和多多一行人在一间露天咖啡屋坐了下来，两个小家伙听着路易斯大叔如数家珍地介绍着这里的博物馆。

"……这里有中国茶博物馆、猫头鹰博物馆、中国西藏博物馆等，还有我们马上要去的饰品博物馆。"

米娜听到这里已经等不及了："哇，我们马上去看看吧。"

如果说建筑和典籍是历史激昂的交响乐，那么饰品则是轻吟的小诗。由深棕色、黑色和银色搭配的建筑，静静的在这条斑驳的古街上见证着时间的流逝和文化的传承。三层的建筑中，第一层的展厅包括了"黄金的房间""项链室""十字架室"。

　　路易斯大叔带着多多和米娜，轻声介绍着这里的主题。

　　"黄金的房间，主题是精美的黄金饰物。南美洲是世界上黄金储量巨大的地区之一，生活在那里的人民有使用黄金饰品的习俗。而'项链室'则保存了来自世界各地不同风格的项链、耳环、头环等等饰品。'十字架室'比较特殊……"

　　路易斯大叔卖了个关子，看到两道好奇的眼神看过来才满意地继续说：

　　"由于传说耶稣受难的十字架流落到埃塞俄比亚，所以十字架成

　　为当地饰品的重要主题。而'十字架室'里的大量藏品主要来自那里。"

　　二层包括"有孔小珠与雕刻的空间""近代饰品室"等主题，而在三层的特别展示厅，人们除了可以看到"戒指的壁"，还可以俯瞰整个三清洞的全景。

　　米娜开心地在饰品博物馆中看过了几乎所有的主题，直到离开的时候还依依不舍。三个人在继续游览了几家博物馆之后原路返回。不过我们好像已经可以猜到米娜今晚会梦见什么了。

唐朝时中国与新罗的交流

　　在唐朝的时候，中国与新罗的交流十分密切。在经济上，两国互通有无，交易商品的种类和数量都有很大增长。在文化上，新罗向唐朝派遣了很多留学生，其中有很多人从此在中国定居。来唐朝的还有众多僧侣，他们使中国各大佛教宗派传入新罗。这些僧侣跟中国的一些文人结为好友，互赠诗篇，留下了许多令人称颂的诗句。

第7章

清溪川

三清洞之行后，是连续两天的休息，米娜和多多对首尔的新奇感很快过去，对于这两天的休息，尽管认可了路易斯大叔的安排，但是难免闹了点小脾气。

"高楼大厦、古建筑、文化街，这就是首尔嘛，感觉已经不想出去玩了。"米娜发表着自己的意见。

59

"城市里的风景已经看过了，路易斯大叔，我们去山野中走走，呼吸一下新鲜的空气吧！"多多出了个主意。

　　路易斯大叔呵呵地笑了起来，说道："不一定要去野外哦，你们知道吗？有着比较久远历史的城市，大多都有一个有趣的特点。"

　　"是什么？"

　　"有河流经过，因为水源对于城市来说是非常重要的，而首尔的市中心附近就有这样一条河流。"

　　"啊，不会是漂满垃圾、臭气熏天的污水沟吧！"米娜觉得大城市里很难有漂亮的河流，不禁皱起了鼻子。

　　"当然不会，你们和我去看看就知道了。"路易斯大叔边说边穿

上衣服，然后拉开门走了出去。

　　两个孩子相互对视了一眼，也跟在后面。

　　穿过几条无比繁华的街道，一条流水淙淙的小河出现在他们眼前。这儿有带着孩子的一家人在河堤上徜徉漫步，有年轻的情侣将脚浸在溪水里，坐在岸上轻松自在地聊着天。小河上方点缀着一座座形态各异的桥，和两岸鳞次栉比的摩天高楼相映成趣。

　　"哇！"米娜的经典叹词又来了。

　　　"真是一个休闲放松的好地方！真是一个非常特别的地方！"多多也惊叹连连。

　　"这条小河叫清溪川，你们看，它的河水非常清澈，是不是与它的名字相对应啊？"路易斯大叔

问两个孩子。

"真的是很清澈的溪水啊。"米娜说着已经脱掉鞋子，将双脚泡在冰凉清澈的溪水中。

多多见这条小河又清又浅，就动了下水玩的心思。他先征求了一下路易斯大叔的意见，路易斯大叔仔细地看了看周围的环境，觉得没问题，就同意了。得到准许的多多开心地跳到水里，将水往米娜身上泼，"哈哈，过泼水节了！"米娜毫不示弱，也用手往多多身上撩水。这时候河水被太阳晒得正暖，淋在身上非常惬意。路易斯大叔一直在旁边笑眯眯地看着他俩，不时地提醒他们注意脚下，别摔倒了。米娜和多多玩水玩了好一阵子，才余兴未尽地上岸来。

"首尔的人真会保护环境。"米娜和多多都发出了这样的感慨。

"这条河流一开始时并不是这样的，它曾经是一条臭水沟，还被填埋过，在上面造起高架桥。"路易斯大叔带着两个孩子沿着河堤边走边说。

"早年的清溪川确实是清澈见底的河流，即使是首尔（汉城）被定为首都之后，这条河的两岸成为城市的中心，也没有受到太大的破坏，并且成为了首尔人民重要的公共场所。但是从上

个世纪开始，为了发展城市，人们以牺牲环境为代价，肆意倾倒垃圾和排放污染物，清溪川变成了一条臭水沟，而不得不被填埋。"

路易斯大叔指着河上一座巨大而古老的桥梁，告诉他们，这座桥梁叫广通桥，有好几百年的历史，曾被覆盖而埋入地下，近年来才重见光明。

两个小家伙好奇地问："那后来是怎么变回清澈见底的清溪川的呢？"

"直到本世纪，人们意识到了环境保护的重要性，怀念起了以前的清溪川并向政府提议，经过严格的论证和设计后，重新开挖、美化，并且搭建了很多特色桥梁，清溪川才回到了首尔人的生活中。从此人们越加珍惜失而复得的清溪川，才保持了它的清澈和美丽，直至今天成为著名的景点。"

在忙着拍照和游玩的间隙，多多问路易斯大叔："为什么直到失去了清溪川之后，人们才开始感觉到它的重要，又费了这么大的力气重新修复呢？这样的话，一开始就好好地对待清溪川不就行了么。这样美丽的东西，怎么会忍心破坏呢？"

面对着多多和米娜如清溪川般清澈的眼神，路易斯大叔沉默

了许久，才喃喃地说："也许是比起孩子来，大人们有的时候都是笨蛋吧。"

美丽的雕塑，嬉闹的居民和游客，风格各异的桥梁，鸟儿栖息的湿地林，让米娜和多多的相机又忙了起来，快乐的身影伴随着夕阳在溪水上的粼粼光影让路易斯大叔感到温暖和喜悦。

"那座桥非常适合你们，叫儿童桥，你们上去走走吧！"路易斯大叔指着前面的一座桥说。他的话音刚落，多多与米娜便飞快地朝儿童桥跑去。

韩国汉江

汉江是韩国的母亲河，就像中国的黄河一样，在韩国历史上的地位非常重要，在石器时代就已经有人居住在汉江流域。韩国有一部电影叫《汉江怪物》，讲的就是汉江遭受污染的事情。现在，韩国政府将其打造成一颗生态明珠，极大地改善了汉江的生态环境。

第8章

水原华城

多多和米娜在韩国越玩越开心，两颗心像两匹拴着的马儿，总想挣开缰绳去广阔的韩国土地上奔驰。他们结伴悄悄地来到路易斯大叔的门前，希望慈祥的路易斯大叔也能够玩兴大发带他们一起去走一走看一看，可是推开虚掩的门，发现路易斯大叔正聚精会神地在电脑前

敲打着键盘，凑近一看原来在把最近几天的见闻整理成一篇游记，不仅能和大家分享自己的心得，还能够赚取稿费呢！看到这里，两个懂事的小朋友不忍心打扰路易斯大叔，又退回了自己的房间，静静地等待路易斯大叔完工。

俩人肚子已经饿得咕咕叫了，手里的漫画书也翻了好几遍，正哈欠连天的时候，路易斯大叔推开了他们的房门，笑眯眯地叫他俩一起去吃午饭。

午饭期间路易斯大叔问他们有没有看过探险的电视节目或者故事书。

"探险的故事没看过，不过我看过很多寻宝的故事和电视节目！"多多说到。

"喔？寻宝？哪里会有宝贝呢？"路易斯大叔笑呵呵地问。

"古墓里啊，古代的贵族去世的时候会有很多贵重物品来陪葬，所以盗墓的人也很多呢，不是还有个故事叫《盗墓笔记》吗？可惜我没看到过。"多多兴致勃勃地讲着，米娜听到盗墓两个字却是全身的汗毛都竖起来了，害怕得很。

大叔看出了米娜的紧张，安慰她说："不要怕，那些故事都是编造出来的，真正的古墓没有那么可怕，不妨我们今天就去参观一下韩国的墓葬吧！"

两个孩子一个迟疑一个坚定地点了点头，就决定了下午的行程。

这个新的目的地就是首尔南面的水原华城，它是朝鲜第22代王朝

正祖大王为悼念自己的父王而建造的，水原华城修建之前他父王的遗骸安葬在杨州拜峰山，但是等到他选择了这块极好的风水宝地来建造水原华城以后，就把他父王的遗骸移葬到了这里。1997年12月被联合国教科文组织认定为世界文化遗产，看来真的是一块风水宝地呢，死后这么多年还能闻名天下。

"那快点走吧！"多多催促倒，"说不定还有散落的宝物呢！"

路易斯大叔和米娜都哈哈大笑起来，嘲笑他把电视当

真，更嘲笑他太贪婪了，一心想要寻宝。

　　"其实水原华城这个建筑本身就是一个无价之宝，它不仅是帝王的陵墓，还是一座城，已经建造完工两百多年，但仍然保持了建造初期的样子，可谓保留完整，很有历史研究价值哦！"路易斯大叔笑着说。

　　米娜的一个瞌睡还没有结束，汽车便缓缓地停下来了，原来这么快就到了。到了之后却没有看到一个坟墓，反而是一座雄伟的平面石头山城迎面而来，城墙高耸，历经风雨和炮火的洗礼，城墙依然坚不可摧、毫无缺损，从北门长安门进去，面向南门八达门，左手边的是东门苍龙门，右手边是西门华西门，每个城门的名字都起得或别致或气派。

　　路易斯大叔既然说是一座城，那么城里该有的一切都显而易见地摆在孩子们的眼前，平坦的道路、鳞次栉比的房间、长长的台阶，甚至还有一条缓缓流淌的可爱的溪流，溪水清澈见底，间或有鱼儿游过，吐着泡泡，跟着小溪静静地流淌着，在城墙的拱形水门下打一个旋，又调皮地溜走了……

　　"虽然水源华城建城的最初目的不是在于军事，而是皇帝为了表达对逝去父母的怀念，但仍然建造了一定的军事设施，用来防御敌人。"路易斯大叔告诉两个孩子。

　　他指着城墙上方的女墙，给孩子们看上面的射击口，安装得非常隐蔽但又作用巨大，在城里很难看到它们。这样的设计使整个城易守

难攻，堪称防御工程的经典之作。

　　"那些大石头是怎么运上去的呢？"米娜带着对金字塔一样的好奇心问路易斯大叔。

　　"哦，这是一个很好的问题。"大叔说，"当时还没有今天的这些重型机械，古人根据杠杆原理和辘轳等工具来运送石料，其中举重机就是一个很好的工具，可以代替人的手臂。"路易斯大叔还告诉他们，水原华城还有一些兄弟行宫，比如中铺舍、内铺舍、社稷坛等，但由于战乱已经被破坏得差不多了。

　　站在城楼上，览古思今，多多和米娜看着雄伟壮丽又复杂坚固的水原华城，心中充满了对古代那些能工巧匠的敬佩。

社稷坛

社稷坛是祭祀社、稷神祇的祭坛，是呈正方形的三层高台，用汉白玉砌成。它位于皇宫右侧，皇宫左侧是太庙，体现"左祖右社"的帝王都城设计原则。祖与社都是封建政权的象征。整体布局是长方形，墙身红色，顶部是黄琉璃瓦。周围有许多古柏，其中一对"槐柏合抱"树，到现在仍然枝叶茂盛，在园中蔚为壮观。

第9章

美丽的白沙滩

　　来到韩国已经很多天了，早就听说这里三面临海，海洋资源非常丰富。可是除了日常吃饭多是海产品以外，米娜还没有到这里的大海游过泳，这天躺在床上一边玩弄着自己的泳衣一边抱怨，闻声过来的多多也随声附和起来，他对大海里的各种各样的小动物可是倾心已久了，哈哈，晚上做梦都能梦到坐在大海龟背上游玩呢！

　　两个人悄悄嘀咕一阵之后，决定说服路易斯大叔带他们去海边玩，没想到胖胖的路易斯大叔也正想下海舒服一下，三个人一拍即合，决定立刻向美丽、蔚蓝的大海洋进发！

　　经过仔细的斟酌和商量，他们决定前往釜山市的海云台海水浴场！为什么呢？因为釜山在首尔的南端，人口密度不是很大，很适合游玩，而且那里有著名的深水良港，有数不胜数的温泉、郁郁葱葱的青山，看来

去韩国体验海洋非它莫属了！

在去的路上又有一个小插曲。"釜山国际电影节就在这里举办吗？真的吗？没有骗我吧？"米娜一连串的问题显示了她对于可能遇见明星这件事最为上心。

"哇，那太好了，我马上就要梦想成真了！"得到肯定回答后米娜拍着手笑道。

车子还没有停下，远远的就看到漫长的海岸线上点点的白色遮阳伞，像一朵朵从天空落下来的降落伞，整齐地排列在海滩上，又像海里的水母，透明清澈吸引着万千的游客。两个孩子迫不及待地打开车门，冲到沙滩上。不知何时米娜已经换上了她心仪的泳装，在海水里一会儿蛙泳、一会儿蝶泳，很是漂亮。多多则在海边的浅水里拎着小桶，专心地寻找海里的小动物，不一会儿，小螃蟹就在他的小桶里横行霸道了。

　　玩累了休息的时候，路易斯大叔给两个小朋友讲起海云台名字的来历。

　　"据说新罗时期有一个著名的文学家，叫作崔致远，他和我们一样喜欢大海，经常到山茶岛附近来散步，时间久了，看到这里风景如画，总是想写点儿什么，可是一直没有动笔。有一天他再一次在这里散步的时候，忽然灵机一动，随手在身边一块岩石上写下'海云台'

三个字！从那以后，这里也就被更多的人称为海云台。而海云台也有它的独特之处：沙子粗糙但干净，如果粘在身上可不是那么容易弄掉的哦！"路易斯大叔侃侃而谈。

"真的吗？"多多半信半疑。在地上挖了一个坑，准备把自己埋起来粘满沙子看一看，机智的米娜制止了他，然后指着远处身上遍布白色沙粒的游客，说："看看他们就知道大叔没有骗我们啦！"

路易斯大叔告诉他们，这些白色的沙粒就是海洋里的贝类在常年的海水腐蚀下的结果，它们已经和沙滩的沙子密不可分，有沙子的地方就有贝壳粉，这也正说明了这个地方的贝类物种丰富、留存久远。

路易斯大叔带孩子们在近海区域进行游泳比赛，别看路易斯大叔胖胖的身体走起路来左摇右摆，在海里可是一个优秀的弄潮儿，比米娜的三脚猫的泳技可是高多了！冠军也就显而易见了。

游累了，两人又开始玩沙子，把路易斯大叔用沙子埋起来，只剩下头，然后又在旁边用沙子筑城堡，把大叔的腿做成鱼尾假装成美人鱼，或者去抓螃蟹……总之没有一刻的安宁。路易斯大叔则在沙子里静静地体味他的海洋之旅，说不定哪天我们的小读者就能看

到路易斯大叔写的海洋游记呢！

在海滩周围，除了游泳外，值得一提的是他们的海产品，附近都是刚捕捞起来的海鲜，真是鲜嫩无比。他们吃了生鱼片，喝了炖鱼汤和海带汤，泡了矿物质丰富的温泉，然后到岛上的　望台，参观了灯塔，远处的船仿佛是在朝着这个灯塔的方向开进！

崔致远——韩国汉文学的鼻祖

　　每个民族都有自己的文化，有自己民族值得骄傲的文学家。在韩国，值得大家推崇和怀念的一位著名学者和诗人，是新罗时期的崔致远。他精通汉语，通晓诗文，写过很多汉语的诗歌，并且其思想内容和艺术技巧都达到了相当高的水平，数量也超过了前人，成就巨大。一千多年来，韩国人民都很喜欢他的诗，尊称他为"诗坛鼻祖"。

第10章

海印梵钟

根据路易斯大叔的日程安排，今天要去海印寺参观了，在去之前，为了吸引孩子们的兴趣，他先给多多和米娜普及了一下中国少林功夫，路易斯大叔耍起拳脚来笨拙好笑，憨态可掬，和跳舞的动作没什么两样，两个孩子纷纷表示不敢恭维。

"既然你们看不上我的武功，那今天我们就去看看韩国的海印寺，看看那里有没有厉害的功夫！"

　　三个人说走就走，不多时便来到了大名鼎鼎的海印寺。作为韩国三大古寺之一，伽耶山上的海印寺最先建于新罗时期的802年，是由顺应、利贞两位大师创建的，但是后来多次失火，导致了寺内土木建筑的损毁。现在，除幢千支柱和石塔外，大部分都是李朝末年重建的，主要包括一柱门、凤凰门、解脱塔、九光楼、冥府殿、大寂光殿、法宝殿、藏经阁等40多座雄伟精美的古建筑。因为重建的缘故，寺庙内的风俗画也是李朝时期的，虽不及中国的敦煌莫高窟壁画，但也是美轮美奂呢！

　　"可是这和厉害的功夫又有什么联系呢？"喜欢功夫的本性驱使多多对海印寺的功夫念念不忘。

　　"有啊！"路易斯大叔回答道，"现在虽然看

　　不到了，但是这个厉害的功夫确实存在过，我给你们讲个故事你们就知道了。"

　　多多和米娜当即跑到他的身边坐好，竖起耳朵准备听故事。路易斯大叔清了清嗓子，开始说起故事来："很久很久以前，新罗时期有一位法术高强的宰相，他与南海龙王是好朋友。有一天，南海龙王的儿子娶亲，这位宰相去参加婚礼。龙太子在迎亲的路途中，不料有一条黑恶龙将新娘给抢走了，并打伤了新郎。龙王听到这个消息后大怒，率领虾兵蟹将去找黑恶龙决斗，可是黑恶龙非常厉害，龙王不但没有打败它，反而损兵折将，自己还受了伤。龙王于

是对所有前来参加儿子婚礼的客人们说，如果谁能帮它打败黑恶龙，救回被抢去的儿媳，他愿意出一半的财产作为报酬。那位人间的宰相说，他只要龙王的印章就可以打败黑恶龙。宰相拿着龙王的印章来到黑恶龙居住的地方，与它打了七七四十九天，终于打败了黑恶龙，救回了被抢去的新娘。为了防止黑恶龙以后出来再作恶，宰相用印章盖了一座叫海印的寺庙，将黑恶龙镇压在寺庙下面，使它永远也出不来。"说到这里，路易斯大叔喝了一口水，再也不说了。

"故事完了？"米娜问。

"对啊，你们觉得这里面有没有什么东西是比功夫还厉害的？"路易斯大叔问。

　　"龙王的印章！"两个孩子一起回答道，然后用崇拜的眼神望着这个海印寺，怎么也无法相信这座寺庙是用一枚印章建造的。

　　由于海印寺建在伽耶山南麓陕川郡红流铜溪谷的尽头，所以外面的尘世喧嚣不能打扰寺院的静谧，这里有最古朴的寺庙建筑，有茂盛高大的古树，有袅袅升起的青烟，有那婉转动听的鸟鸣，合着悠扬的钟声，海印寺仿佛一个老者轻轻地讲述着他一生的故事。

　　与其他寺庙不同的是，这里最著名的不是浩瀚的经书，而是精致

完美的藏经版，这些凝聚了古人的智慧和劳动的经版被存放在两座大型建筑里，建筑的名字是藏经版殿。而海印寺出名的原因除了那个故事，还因为这里存放着13世纪问世的世界级文化遗产——高丽大藏经版。大藏经版共81258块，号称"八万大藏经"，总字数约5200万之多，虽然有这么多的字，但是大藏经版却无任何错误纰漏之处，不仅工整而且精美，向今天的人们倾诉历史和劳动者的伟大。多多和米娜仿佛穿越了时空一般站在了匠人的身侧，欣赏他们精湛的手艺。

　　忽然寺庙里响起了悠扬的钟声，三个人都像是从梦境里醒来，一激灵才发现自己穿着现代人的衣服，而身侧的匠人也不知哪儿去了。

　　钟声是从钟鼓亭的大鼓和铜钟发出来的，在亭子里两个比丘悠闲地轮流撞击大鼓和铜钟，低沉而悠扬的声音从寺庙里飞出去，落在远处的山林里、小径上和游人的耳朵里，吸引着万千的游客。

　　不远处"叮咚叮咚"的泉水仿佛是这钟鼓最忠实的听众，用它的清脆水声来为钟鼓鼓掌，掌声顺着水流流到木渠里，落在石凿的泉池中，映出高远的蓝天和洁白的云彩。

雕版

　　我们今天看到的书都是印刷精美，字迹清晰，采用现代先进的技术印制而成的。但是在古代，我们的祖先可没有这些先进的技术和机器设备。古代的书都是怎么印制的呢？古代的书开始大量印制是从有雕版开始的。雕版是人类文明史上一项非常伟大的发明，自从有了雕版印刷术，人们再也不必一个个地抄写，而是可以大量地复制了，这样大大促进了知识的传播，推动了文化的发展。

第11章

帝陵中的虚惊

　　路易斯大叔、多多还有米娜在一起度过了非常有趣的四天。他们先是去了石窟庵，在那里玩了两天，然后去了和它挨着的佛国寺，接下来，又去吃了当地有名的特色小吃，观赏了他们的民俗演出。三个人玩得好高兴呀，没感觉到四天的时间很快就过去了。

　　根据提前安排好的计划，他们应该和这个地方告

别了。因为多多和米娜非常喜欢这个地方，他们觉得完全可以信任路易斯大叔，下一个路易斯大叔要带他们去的地方，一定也会让他们非常喜欢的。

这一天早晨，路易斯大叔正要和多多、米娜一起上路，突然，他把东西放下，摸摸脑袋说："看看我这脑子，差一点儿忘了还有两个好地方没去呢！现在，我们先去其中的一个。"

"是哪里啊？"多多和米娜一起问路易斯大叔。

"是一个非常特别的公园，"路易斯大叔说，"它的独特之处在于它是由很多古墓组合而成的。"

"一个古墓组成的公园？"米娜惊讶极了，"这听起来可真是够特别的了。"

"对呀，这个公园就

叫作古坟公园，正式的叫法是大陵苑，里面有差不多30多座馒头形状的古墓。这里面，有一个叫作天马冢的，它是新罗王侯和他的王妃合葬的陵墓。整个公园被石墙围绕，由7座非常大的新罗王陵作为中心，周边被23座古坟布满，总面积超过12万平方米。公园里面的古坟除了天马冢，其余的还有味邹王陵、金冠冢等等。"路易斯大叔详细地介绍道。

他让旅馆的服务生帮他们从租赁车行租来了三辆自行车，他们骑上自行车，照着地图上的标示，向着古坟公园出发了。

到了古坟公园，他们发现，虽然天气很热，但是里面的游客非常多。

三个人跟着一群游客走进了公园。公园里面整整齐齐地排列着一行行碧绿的大树，地上有着地毯一样的小草，在林荫小道上走一下，立即觉得清凉舒适，夏天的炎热都被赶走了。

远远看去，一排半月形状的陵墓上面遍布碧绿的小草，风儿一吹，草叶晃动，如同绿色的波浪。

面对这么美丽的景色，路易斯大叔兴奋不已，举起相机不断地按下快门。

"这个公园里面只有我们能够看到的30座坟墓吗？地下还有没有呢？"米娜问道。尽管她只是一个刚刚10岁的小女孩儿，最近却正着迷于网上流行的盗墓小说。

"据历史记载，除去我们现在看到的这30座坟墓，地底下还有很多我们看不到的古坟墓，全部加起来的话有200多座呢！"路易斯大叔暂停了拍照说。

"真的吗？这儿有这么多的古墓？这么多古墓里面的陪葬品肯定是非常值钱的喽。"米娜激动地说，用手指点着自己站着的地方说，

"指不定我的脚下就是一个古墓。"

说完后，她眼睛滴溜乱转地四下观察了一阵，发现周围没有别人，小声地对路易斯大叔说："路易斯大叔，你觉得会有人来这里盗墓吗？"

想了想，她又低下头叹起气来。"唉，希望里面不会像小说里写的那样，有僵尸、吃人肉的怪物和随时能够害死人的各种机关，那就太可怕了。"

路易斯大叔和多多听她说了这话，都愣了一下，接着就忍不住哈哈大笑个不停。

变笑边走，米娜突然发现有几个游客进入了一个坟墓。她感到很奇怪，就问道："路易斯大叔，他们去那里面干嘛呀？"

"那个坟墓就是天马冢。1970年，考古学家对它进行了发掘，因为在里面出土了一个画着天马的马鞍垫子，它就被叫作天马冢了。那些天马画于1500多年前，古新罗时代到现在只留下了这一件绘画作品，所以人们非常重视它。大陵园里面只有天马冢对外开放了它的内部，现在已被作为博物馆了。"路易斯大叔说。

"把坟墓当作博物馆，我们快点过去看一下吧，可能里头有很多怪物的标本呢。"米娜又在想她看的那些小说了。

博物馆里面精心布置，到处都是保安人员，确保里面防护周密，也证明了里面展览的物品十分宝贵。

博物馆的墙上贴着对它的简单介绍，在里面展览的一共有11526件文物。所有文物里面，名气最大、价值最高的要数复原王冠。

他们透过防弹玻璃，看见了金光璀璨、精美异常的王冠。

就在这个时候，突然有一个身穿黑色西服，头上戴着黑色礼帽，并且把帽檐压得低低的，看起来像是坏人的人跑了出来。

他快步向王冠的展台旁边跑去，用力举起一把大铁锤，狠狠地砸在展台上。只听"哗啦"一声，展台发出巨大的声音，那防弹玻璃竟然被他给砸碎了！警报声随后响

了，人们呆呆地站在那里，那个人伸手抓住王冠，拿起就朝外跑去。

"别跑！"路易斯大叔第一个清醒过来，斜刺里冲到抢匪的前面，挡住了他的去路。

抢匪看见拦住他的路易斯大叔个子很高，身材魁梧，估计打不赢他，突然跑到米娜的旁边，伸手就勒住了她的脖子，凶狠地说："请你让开，要不然我就弄死这个女孩！"

"有什么事我们慢慢说，一定不能伤害这个不懂事的小孩。"路易斯大叔在危急状态之下，只好一点一点地走开，给抢匪让路。同时，他脑子里快速地思考着怎么应对。

被抢匪挟持的米娜从来没有经历过这样危险的状况，吓得变了脸色，哇哇地大声哭了起来。

"OK！OK！"就在这个时候，有一个人在人群里走了出来，朝抢匪不停地打手势。

　　抢匪放开米娜，把头上戴的帽子拿下来，向米娜鞠躬，嘴里说着对不起。

　　这一幕实在是太戏剧化了，路易斯大叔都被弄迷糊了。

　　"实在抱歉，吓到你们了吧？我们刚才是在拍摄电影呢。为了效果逼真，就想跟小朋友开个玩笑，真的很抱歉。"人群里走出的那个人向路易斯大叔不停地道歉、解释。

　　原来只是一个误会啊，米娜很快就恢复了镇定，甚至还觉得挺好玩的。

　　这个剧组为了表示歉意，就把刚才使用的道具王冠赠送给了米娜，并且邀请他们三个人去外面享用了一顿非常丰盛的大餐。

第12章

龙头的传说

　　路易斯大叔三人根据原定的计划坐飞机前往有龙头岩的地方——济州岛。

　　只用了很短的时间，飞机就飞到了一片宽阔海洋的上空。

　　"米娜，快来看，大海里面有一个好大的'鸭蛋'！"多多指着前面大声说。

　　米娜沿着他手指的方向看去，真的呢，碧蓝的大海里，躺着一个

长得像鸭蛋一样椭圆形的小岛。

"那就是我们计划去的济州岛。"

济州岛很快就到了，路易斯大叔带领着两个小家伙住到了一个旅馆里。看完了旅馆为客人们准备的旅行指南，他们对济州岛也有了初步的认识。

济州岛是韩国所有岛屿里面最大的一个，总面积1819.5平方千米，海岸线长286.5千米，人口50多万。济州岛是一个非常典型的火山岛。

如果去龙头岩游览的话，最好的时间段是在傍晚时分。三个人在大街上走来走去，到处寻觅当地的特色美食。

遍尝了当地的特色美食之后，路易斯大叔带着多多和米娜，朝着龙头岩出发了。

　　出租车上的司机师傅很爱聊天，一路上，他不停地给他们三人讲述着龙头岩的古老传说。

　　传说，以前有一条龙，它在海底的龙宫里面住着，他想飞升到天上去。但这并不是简单的事，要想升天，他必须得到汉拿山上神灵的玉珠。于是，它冥思苦想，好不容易找到办法偷到了汉拿山上神灵的玉珠。但是，当它走到海边，想要升天的时候，不小心被神灵发现了！神灵射了他一箭，把他射到了大海里。龙由于没有实现升天的意愿，非常愤怒，他不断地挣扎，最后变为一块龙形状的大石头，只有龙头露在海面上，不停地叹息。这就是现在的龙头岩。

　　"这故事可真有意思。"多多赞叹地说。

　　"哦，还有，龙头岩的东面差不多二百米处有一个叫作龙池的地方，传说龙曾经在那里嬉戏过，所以人们就把它叫作龙池，也有

叫龙渊的。里面的池水非常清澈,一眼可以看到底。你们如果去了那里,记得去池水里面洗个澡,听说能够沾沾龙气哦。"故事讲完了,师傅接着说。

"嘿嘿,我要是去洗个澡就能够成为小龙女啦。"米娜调皮地笑着说。

一车的人都让她逗得笑了起来。

"事实上,龙头岩是由200万年前的一次熔岩喷发冷却后形成的。它是一块高10米,长30米的岩石,乍一看去,就像一条生活在龙宫里的龙刚准备飞升的时候,忽然变成了一块石头。也是因为这块岩石的一面看起来非常像一个龙头,所以大家叫它龙头岩。"师傅说道。

因为有了这位善于讲故事的司机师傅，三个人的旅途热闹了许多。

龙头岩坐落在济州市中心的龙潭洞附近的海边，因为济州岛是火山喷发而形成的岛屿，所以岛上面的石头全部是黑色或者黑褐色，连海岸边的沙子都是黑色的。

在海边峭壁上，有一块异常奇怪的石头。它看起来像是一只对着天空呐喊的龙头，艳丽的晚霞一映，散发着异常美丽的光芒。

它就是传说中的龙头岩了。

长久地注视龙头岩，会令人产生一种龙在蜿蜒游动的感觉。

参观完了龙头岩，三个人朝着龙池的方向走去。

龙池的水非常清澈，四面围着由奇形怪状的石头和四季常青的树木组成的屏风，看上去美丽极了。可惜的是，龙池不允许人进入池里，这令米娜和多多觉得很扫兴。

看看天晚了，三个人走路走得又累又困，所以打算回旅馆去休息一晚上，明天再去位于城山的日出峰看日出去。

回旅馆的路上，路易斯大叔和开车的司机师傅商量好了，第二天还租他的车。

司机师傅温厚地笑起来，对他们说，去城山日出峰看日出的话，必须要早，他问了路易斯大叔他们居住的旅馆还有房间号，告诉他们，他第二天会叫醒他们的。

第13章

日出峰上看日出

一晚上很快就过去了。

天还没亮呢，路易斯大叔、米娜还有多多都还没有睡醒，门外响起了敲门声。小朋友不用猜，那是出租车司机师傅在叫他们起床呢。

路易斯大叔第一个被吵醒了，他看了看表，才刚刚五点。

"先生，要是不快点起床，就看不到美丽的日出啦！"司机师傅

大声地催促着说。

路易斯大叔一紧张，彻底清醒了，穿上衣服，打开门，请司机师傅进来，并不好意思地向他道歉。

"没事的。这些是你们的早餐。"司机师傅把手里拎着的袋子在桌子上放好。

路易斯大叔把两个小家伙给弄醒，洗漱好以后，吃完司机师傅买来的早餐，就朝着城山日出峰出发了。

在前往城山日出峰的路上，司机师傅向他们介绍说，城山日出峰坐落在济州岛东面，实际上是一块高高大大的岩石，海拔为182米，是由十万年前的一次海底火山喷发形成的。它的顶端有着巨大的火山口，东南边和北边都是悬崖，就西北边是有着草坪的山脊，和城山村连接在一起。因为山脊上面铺满了草坪，所以人们可以在上面散步，还可以在上面骑马。

　　一路说着话，不知不觉城山日出峰的登山入口就到了。司机师傅把车停好，掏出两个手电筒递给路易斯大叔三个人。看起来，他为他们做了很充分的准备。他让路易斯大叔三人上山去观赏美丽的日出，他在车里面待着等着他们回来。

　　于是，三个人顺着登山石磴朝上爬去。

　　或许是因为他们来的时间太早了，天空还是黑黑的，山上一个游人也没有。光线非常昏暗，就是用着手电筒，也还是走得跌跌撞撞的。

　　走了一小会儿，东方就现出鱼肚白了，天空慢慢地亮起来了，道

路两边的景色都可以模模糊糊地看见了。

这个时候，游客多了起来，有游客时不时地走到他们前面去。

"你快一点啊，你走得太慢啦！"走在路易斯大叔和米娜之间的多多着急地催米娜快一点。

"我就是走不快呀，不然你来背着我？"米娜气喘吁吁地说。

"我干嘛要背你呀？才不呢！"多多一阵风似的冲到前头去了，回过头来冲着米娜做起了鬼脸，"你就是一只蜗牛，再见，蜗牛小姐！"

说完向上跑去。

不一会儿，十来个看起来是由学生组成的韩国旅游小团体走了过来，他们走得很快，不一会儿就超过了米娜。

"路易斯大叔，要不你上前面走吧，我自己在后头慢慢走。"米娜害怕因为自己走得太慢，耽误了路易斯大叔去看日出，所以非

常恳切地说。

"呵呵，不要着急，离日
出还有一些时间。你看看我们身边的景色也非常美，我们可以顺道
看一看呀。"路易斯大叔轻声地安慰米娜。

身边的景色的确非常美，特别是一些石头，有的高高地站着，
有的低低地躺着，有的摇摇晃晃好像随时都会倒下来，有的孤零零
地竖在那里，千奇百态，像牛，像马，像乌龟……在早晨微弱的光
线照耀之下，若隐若现，看起来像活的一样。他们边走边看，突然
发现前边路的两侧相对站着两块很大的石头。那石头因为经受风吹
雨打，日晒霜雪，很多地方都风化剥落了，凹凸不平，纵横交错，
像极了使劲张大嘴巴的鳄鱼。看到大石头的前面树立着一块刻有韩
文的石碑，他们觉得这个地方像是一个景点。

但是，路易斯大叔根本不会看韩文，所以就没办法了解石碑所
刻的文字了。

就要走到山顶的时候，三人俯身向下望去，才看出城山日出峰
周围原来是个很大的草原，组成了一幅美丽的田原风景。

山峰顶上非常平坦，长着茂密的青草，地上有着牛马羊的蹄印，
绿色的草地有着被动物啃过的迹象，看起来山顶像是一个牧场。

这会儿峰顶已经汇聚了很多人，下面还不停地有人爬上来。所有的人都面对着东方，一声不吭，满脸庄严肃穆，好像是怕一不小心就把太阳吓得不敢出来了。

这个时候天空变成了很浅的蓝色，和碧蓝的大海相互交融，汇为一体，人们已经很难再分清哪儿是天空，哪儿是大海了。

眨眼之间，天际冒出了一道红霞，慢慢地不停地变得越来越宽广，它的光亮不断地加强，说明太阳马上就要出来啦！

所有的人都屏住呼吸，眼睛不眨地盯住那里看。

忽然，彩霞里面有一条很细的抛物线显现出来。那线闪闪发光，红彤彤的，就像是把什么金属的沸腾溶液溅到了那儿，接着它如同一只火箭，不停地像上方冲去，这个景象就是从黑夜夜空里迸发出光明的一瞬间。接着，几片蓝色的云霞缝隙里面射出了几片更加红也更加亮的小点。一开始，米娜惊讶极了，看不出那是什么。仔细一看，那

几个小亮点穿破云霞，紧密地连接起来，相互融合，一跳而出——太阳升起来了！

它光辉灿烂，像火一样红艳艳的，也像火一样猛烈，仿佛只是一瞬间，它把所有的黑暗都照亮了，每一个来观赏日出的人都全身披着红霞。

过了很长时间，大家仿佛刚刚从梦中醒来，激动地对着天空大声欢叫起来。

太阳升得越来越高，空气被烤得越来越热了。

这个时候，再看日出已经没有什么意思了，路易斯大叔准备领着两个小家伙下山去。偶然听见两个美国人正在用英语谈论着："这个地方真的太美了！怪不得2000年7月19日韩国确定这里为地方天然纪念物，2007年被联合国教科文组织确定为世界自然遗产！"

城山日出峰上有很多栏杆，顺着山体的形状，拐来拐去地修建在靠近悬崖的地方。来这里游览的人能够顺着那些栏杆，安全地观

赏火山口附近形态各异的美丽风景。

三个人走到半山腰，发现一处地方猛然凹下去形成了一个大坑，看起来像是有一个巨人拿走了那儿的泥土。大坑的底部有足球场那么大，里面很平坦，上面长着翠绿的小草。

这绿色的大坑让这座山显得更有活力了。

走回停车场，司机师傅正看报纸呢。

"好玩吗？是不是挺高兴的？"司机师傅问道。

三个人一起点头表示他们确实玩得挺高兴的。

"我给你们推荐一个更好的地方，怎么样？"司机师傅问道。

"好呀！"米娜开心地回答。

第14章

古老济州民俗村

司机师傅给路易斯大叔、多多还有米娜介绍的好地方叫作"济州民俗村"，就在济州岛上。

他介绍说，济州岛上面人口稀少，地域却十分宽广，你在岛上走好几千米也不一定能够遇见一个人。济州岛和其他地方一样有着起伏的高山，也有着茂密的森林，因为被地理条件限制，所以岛上没办法修建高大的建筑物，只能修建矮矮的普通房屋。

岛上的农民一般都种植油菜、水稻、蔬菜、水果等

农作物，所有的农作物里面，种植最多的要数油菜。

"春天时，油菜花开了，金黄色的花朵连成一片，看起来像是一块一望无际的金色地毯，美丽极了。你们没有来对时间，现在还没办法看到金色的油菜花盛开。"司机师傅用有点遗憾的语气说。

他接着又说，因为济州岛被开发成为旅游景区，住在岛上的居民不可以随意建造房屋或者改建以前的房子，岛上的居民不用自己缴纳水电费，不过他们生产的蜂蜜等农产品必须让政府来统一管理销售。

接下来，司机师傅给他们详细介绍即将前往的地方——济州民俗村。

济州民俗村是参照19世纪90年代的村落格局，经过很长时间的调研以及考证建造而成的，非常完美地重现了19世纪时济州的民俗风貌。济州民俗村一共有400余户村民。

司机师傅知根知底，加上他生动的讲解，三个人都聚精会

神地听他讲话，根本没有感觉到时间的流逝，民俗村很快就到了。

可能是由于济州岛上常年都刮着海风，还经常有台风光顾，所以民俗村里面的房子都建造得非常矮小。这些房子的墙壁是由马粪做成的，屋顶是由拉成井字形的草绳捆绑着芦苇盖成的。

走进济州民俗村，村子入口处坐着三个女人，似乎是在等着谁一样。看见路易斯大叔领着两个孩子走过来，她们中的一个站起身来，朝着他们走过来。

但是，当她发现司机师傅站在路易斯大叔的身后，却又停住了脚步，用奇怪的眼神看着他们。

司机师傅走上前去，和那些当地人用本地话沟通了一阵，那几个女人嘻嘻哈哈地笑了。

这个时候，又有几个游人走了过来，那几个女人快速地跑上前去，和游人打招呼，用手不停地比划，最终，她们每个人带了几名游客朝村子走去。

　　"她们在做什么呀？"多多感觉很奇怪。

　　"她们都是'能巴里'，农忙的时候忙农活，农闲了就来做业余导游，挣点外快。你可不能小看她们，随便哪个英语都说得非常流利。"司机师傅说。

　　"'能巴里'是指什么？"米娜发现司机师傅的话里有一个新奇的词汇，就问道。

　　"'能巴里'是一个尊称，用来称呼已婚的、非常能干的女性。"司机师傅回答道。

　　"哦，这样啊。那先生，您可不可以给我们也找个导游呢？"路易斯大叔问道。

"你们不用找了，我可以给你们当免费导游。"司机说。

三个人高兴地对着司机师傅道了谢，就要跟着他一起走进村子。

多多突然看见村口两侧分别竖着个矮石柱，上面都有三个洞，三根木棍分别横放在上面。

"这是导游在为游客讲解时使用的，民俗村里家家户户的大门口都可以发现这种东西。"司机师傅介绍到，"要是主人去周围游玩或者干活去了，他就会插一根木条在矮石柱上。告诉别人他没有走远；

如果矮石柱上插了两根木条的话，就是告诉别人它的主人去了山上；要是主人要去遥远的地方，需要过一段时间才能回来，他就会把三根木条全部插在矮石柱上；如果矮石柱上一根木条也没有的话，则是告诉大家这户居民的所有家庭成员全部在家。

"那么，是不是也有第四根、第五根甚至更多的木条呢？"米娜彻底被这奇异的古老民俗吸引住了。

"我从来没见过放五根木条或者放更多木条

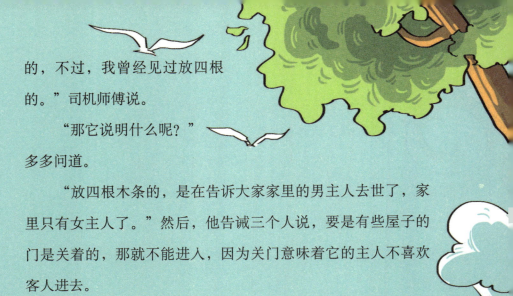

的，不过，我曾经见过放四根的。"司机师傅说。

"那它说明什么呢？"多多问道。

"放四根木条的，是在告诉大家家里的男主人去世了，家里只有女主人了。"然后，他告诫三个人说，要是有些屋子的门是关着的，那就不能进入，因为关门意味着它的主人不喜欢客人进去。

走进村子，就看见家家户户的房屋门口，都放着一排芦苇制作的、看起来像是遮阳棚的低矮的门扇一样的东西，靠一根木柱顶住。

"为什么要找一根木柱顶住？而不是两根三根四根呢？"多多觉得很奇怪，拉了那木柱一下子，只见那芦苇门扇"咕咚"一声掉了下来。

片刻之后，有一个人从屋子里面紧张地跑了过来，观察了一番天气，奇怪地说："没下雨啊，为什么把它弄下来呢？"

多多不好意思地向他说了对不起，他心胸也挺宽广的，挥挥手就钻回屋里去了。

"哈哈，我明白啦。要是外头天气不好，要下雨了，便把木柱抽走，芦苇门扇就会被放下来，它就能够为人们遮挡风雨了。"多多得意地笑了。

"你说对啦！"司机师傅夸赞道，"但是，它其实还有另外一个意义，那就是可以用来表示主人的身份和地位。如果只插了一根木柱，就表示这家人不是非常富有。"

"原来是这么回事呀。那是不是木柱越多，就表示主人越富有、地位越高呢？"米娜调皮地打趣道。

"是的！凡是屋子前面插有三四根木柱的，里面住的都是身份地位比较高的人。你不要看屋子外头挺破的，其实里头各种家具可是一应俱全，而且都

是电气化的呢！"司机师傅说。

他们边说着话边走向村子里面，他们发现，村子里面的所有屋子的屋顶上面，都没有烟囱。

民俗村本来就挺小的，不多一会儿，他们就到达了村尾。他们在那里发现了一座很大的有着泥土地面的房子，很多人在那里进进出出。

"那是民俗村独具特色的土特产商店，里面只卖两种东西。一种是生蜂蜜，另一种是五味子浆。但是，这两样东西却是最能够彰显民俗村的特色的。要是你们感兴趣的话，就进去转一圈。"司机师傅说着话，神态却有些不大自然。

路易斯大叔看出了他的顾虑，他是担心大家把他看作那种不良导游，故意把游客带入商店，让他们购买商店里面的商品，再在商店里面抽取回扣。为了消除他的顾虑，路易斯大叔笑呵呵地说："既然到了，当然应该过去看看喽。说实话，我到这里来的时候，很多朋友都让我给他们捎一些韩国土特产呢。"

听他这么说，司机师傅才放松下来。

路易斯大叔每一样东西都买了一点，把它们全部送给了司机师傅，告诉他，这是感谢他为他们做免费导游的。

司机师傅的脸都红了，怎么也不愿意接受，路易斯大叔一再地恳请他收下，最后，他勉强接受了。

回到住处后，路易斯大叔要付车费给司机师傅的时候，他却无论如何也不肯接受，看准路易斯大叔一个不注意，司机师傅钻到车子里，一阵风似的开车离去了。路易斯大叔看着车子远去的影子，说："我们也该收拾行李，准备离开韩国了。"